P9-DVP-748

¿Cómo se hace la mantequilla de maní?

Grace Hansen

Abdo
¿CÓMO SE HACE?
Kids

abdopublishing.com

Published by Abdo Kids, a division of ABDO, P.O. Box 398166, Minneapolis, Minnesota 55439.

Copyright © 2018 by Abdo Consulting Group, Inc. International copyrights reserved in all countries. No part of this book may be reproduced in any form without written permission from the publisher.

Printed in the United States of America, North Mankato, Minnesota.

102017

012018

THIS BOOK CONTAINS RECYCLED MATERIALS

Spanish Translator: Maria Puchol

Photo Credits: Alamy, Glow Images, iStock, Shutterstock

Production Contributors: Teddy Borth, Jennie Forsberg, Grace Hansen

Design Contributors: Dorothy Toth, Laura Mitchell

Publisher's Cataloging in Publication Data

Names: Hansen, Grace, author.

Title: ¿Cómo se hace la mantequilla de maní? / by Grace Hansen.

Other titles: How is peanut butter made?. Spanish

Description: Minneapolis, Minnesota : Abdo Kids, 2018. | Series: ¿Cómo se hace? |
    Includes online resources and index.

Identifiers: LCCN 2017946226 | ISBN 9781532106606 (lib.bdg.) | ISBN 9781532107702 (ebook)

Subjects: LCSH: Peanut butter--Juvenile literature. | Manufacturing processes--Juvenile literature. |
    Peanut industry--Juvenile literature. | Spanish language materials--Juvenile literature.

Classification: DDC 664--dc23

LC record available at https://lccn.loc.gov/2017946226

Contenido

Cultivos de maní

Las semillas de maní, también llamado cacahuete o cacahuate, se plantan en abril. Hacia septiembre y octubre estas plantas ya están listas para ser **cosechadas**.

Los agricultores recogen las plantas y las ponen al sol unos días. De este modo las secan. Después hay que separar el fruto de la planta.

7

El pelado
del cacahuate

Los cacahuates se llevan a pelar
a una máquina. Así les quitan
las cáscaras y se empaquetan
en sacos gigantes.

La fábrica

Estos sacos llenos de
cacahuetes se llevan a la fábrica
de mantequilla donde se limpian
de palitos, tallos y otras cosas.

Los cacahuetes se meten en un **tostador**. Después hay que enfriarlos.

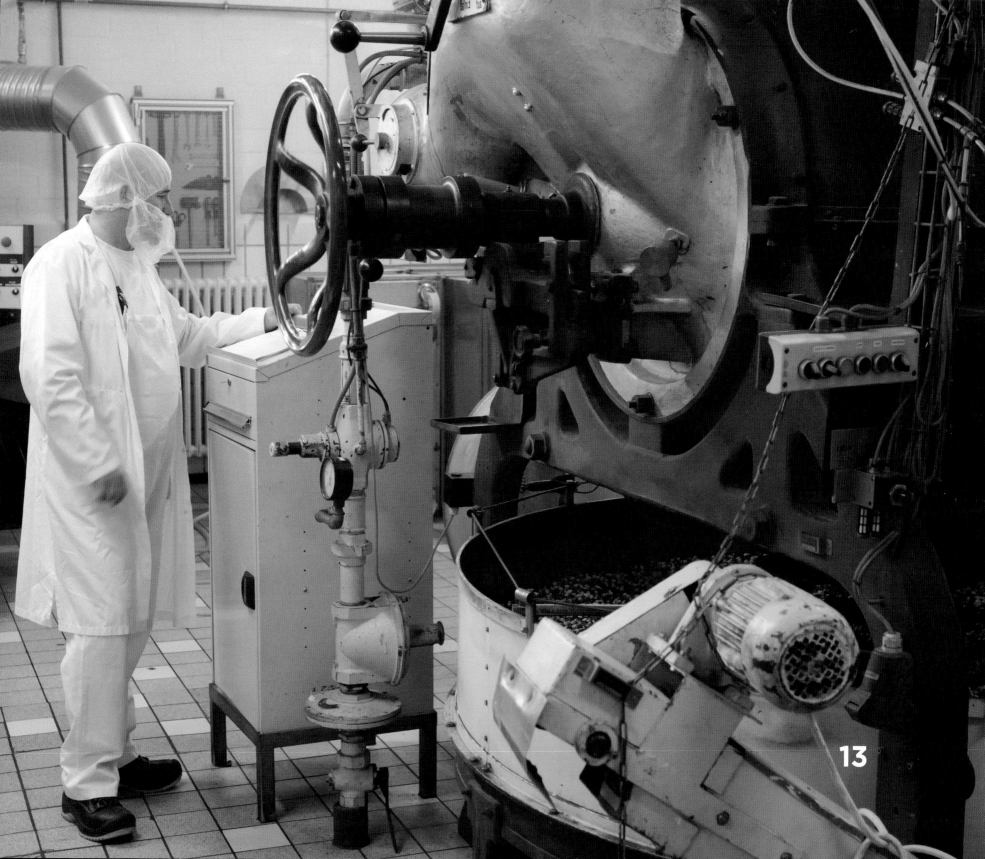

13

De ahí, pasan a la máquina **escaldadora** para separar la piel de los cacahuates. También se parten por la mitad y se les quita el **núcleo**.

Los cacahuates se limpian una vez más. La mantequilla de maní cremosa se hace con trituradoras. Las cremas crujientes se hacen con picadoras.

Se le puede añadir sal u otros ingredientes. ¡Muchas mantequillas de maní están hechas 100% de cacahuates!

19

¡Lista para disfrutarla!

La mantequilla de maní se envasa en frascos. Éstos se sellan y etiquetan para enviar a las tiendas.

Más datos

- Hay alrededor de 540 cacahuates en un frasco de mantequilla de maní de 12 onzas (355 ml).

- Los presidentes de los Estados Unidos, Thomas Jefferson y Jimmy Carter, se dedicaron al cultivo del cacahuate.

- La mantequilla de maní cremosa es más popular en la costa este de los Estados Unidos. Sin embargo, la crujiente gusta más en la costa oeste.

Glosario

cosechar – recolección de cultivos maduros.

escaldar – quitar la piel de los frutos secos mediante calor durante un corto período de tiempo.

núcleo – embrión de un fruto. Todas las semillas tienen un embrión.

tostador – máquina para tostar y secar cacahuates.

Índice

Abdo Kids ONLINE
FREE! ONLINE MULTIMEDIA RESOURCES

¡Visita nuestra página abdokids.com y usa este código para tener acceso a juegos, manualidades, videos y mucho más!

Código Abdo Kids:
HHK0475